SCHOLASTIC
Time-to-Discover
READERS

# Bebés de animales polares
## *Polar Animal Babies*

Melvin & Gilda Berger

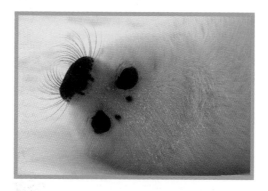

**SCHOLASTIC INC.**
New York  Toronto  London  Auckland  Sydney
Mexico City  New Delhi  Hong Kong  Buenos Aires

Photographs: Cover: Daniel J. Cox/Getty Images;
p. 1: Tom Murphy/WWI/Peter Arnold, Inc.; p. 3: Frans Lanting/Minden Pictures;
p. 4: Norbert Rosing/Getty Images; p. 5: Daniel J. Cox/Getty Images;
p. 6: Amos Nachoum/Corbis; p. 7: Yves Lefevre/Peter Arnold, Inc.;
p. 8: Bill Curtsinger/National Geographic Society; p. 9: Michio Hoshino/Minden Pictures;
p. 10: Daniel J. Cox/Natural Exposures; p. 11: Norbert Rosing/Getty Images;
p. 12: Michio Hoshino/Minden Pictures; p. 13: Michio Hoshino/Minden Pictures;
p. 14: Tui De Roy/Minden Pictures; p. 15: Kim Heacox/Accent Alaska;
p. 16: Beth Davidow/Getty Images.

Photo Research: Dwayne Howard

ISBN 0-439-87986-8

12 11 10 9 8 7 6 5 4 3 2 1          6 7 8 9 10 11/0

Printed in the U.S.A.
First bilingual printing, November 2006

Los bebés de los animales polares se parecen a sus padres.
*Polar animal babies look like their parents.*

Los osos polares
nacen en guaridas de nieve.
*Polar bears are born in snow dens.*

La mamá y sus oseznos se quedan juntos durante dos años.

*Mother and cubs stay together for about two years.*

Los bebés de oso polar se llaman oseznos.
*Baby polar bears are called cubs.*

Las ballenas nacen en el océano.
*Whales are born in the ocean.*

Los bebés de ballena se llaman ballenatos.
*Baby whales are called calves.*

Las focas nacen en guaridas de nieve.
*Seals are born in snow dens.*

Los bebés de foca tienen el pelo blanco.
*Baby seals have white hair.*

Los zorros del ártico
nacen en guaridas subterráneas.
*Arctic foxes are born in underground dens.*

Los bebés de zorro juegan todo el tiempo.
*Baby foxes play all the time.*

La madre alimenta
a pollitos de distintas
edades en el mismo nido.

*The mother feeds chicks of all
ages in the same nest.*

Los búhos nevados nacen de huevos.
*Snowy owls hatch from eggs.*

Los bebés de búhos
nevados se llaman polluelos.
*Baby snowy owls are called chicks.*

Los pingüinos nacen de huevos.
*Penguins hatch from eggs.*

Los bebés pingüinos se llaman polluelos.
*Baby penguins are called chicks.*

Los bebés de animales polares crecen rápido.
*Polar animal babies grow up fast.*